PEINES DE LA VIE

D'UN

ANCIEN INSTITUTEUR,

SES VOYAGES

EN FRANCE ET A L'ÉTRANGER,

SUIVI

D'UN PETIT TRAITÉ DE GÉOGRAPHIE, SUR LA FRANCE, DIVISÉE EN ANCIENNES PROVINCES ; ET SUR LES MOEURS DE SES HABITANS.

PAR DE SAINT-ROMAN,

EX-INSTITUTEUR,

A la Madeleine, canton de Châteaulandou. (Seine-et-Marne).

A NEMOURS,

CHEZ BAILLARD, LIBRAIRE, RUE DU CHATEAU.

—

1840.

Fontainebleau, impr. de E. Jacquin.

PREFACE.

Depuis long-temps désirant donner au public un petit traité des peines de la vie, principalement de celles que nous avons éprouvées nous-mêmes, nous nous contenterons seulement de dire que l'homme, quels que soient sa naissance, sa fortune et son rang, se trouve souvent affligé; j'engage donc ceux qui désirent voyager, à lire avec attention ce petit ouvrage si intéressant aux jeunes gens, qui se destinent à passer leur vie dans le monde, alors ils sauront apprécier les peines que l'on endure sur la terre, mieux que ceux qui restent le courant de leur vie dans leur simple solitude.

PEINES DE LA VIE

d'un

ANCIEN INSTITUTEUR.

—

Né au milieu d'une forêt, située au midi de la France, à cause des poursuites qu'on faisait à ma mère pour opinion politique, n'ayant que les faibles secours d'un pauvre charbonnier, cette infortunée fut obligée de rester quelque temps dans cette vaste solitude en attendant un temps plus calme. Elle se trouvait dans de grandes inquiétudes, lorsqu'elle apprit l'émigration de sa famille et la vente de tout son bien ; enfin elle sortit de cette forêt pour aller végéter auprès de quelques personnes respectables de sa connaissance, afin de se procurer une ressource à son infortune. Elle me mit en nourrice jusqu'à l'âge de onze mois, époque à laquelle je perdis mon père. Il semblait que tous les malheurs de la vie la suivaient à grands pas ; il ne me restait plus qu'un oncle qui avait passé en Italie ; à sa rentrée en France, il reprit sa paroisse et me fit donner une faible éducation, ainsi qu'à mon frère, qui prit ensuite la profession des armes sous l'empire et parvint au grade de commandant de place, en Amérique, où il mourut. Dans le même temps, mon bienfaiteur vint aussi à finir sa carrière, et je me vis dans un grand embarras ; je fus travailler en qualité d'écrivain chez un avoué ; ne gagnant à peine ma vie, quoique entretenu par une misérable tante, je pris le parti d'embrasser l'état militaire ; je fus donc trouver M. le préfet de mon département, et après lui avoir fait part de mon infortune, il me fit délivrer une feuille de route pour aller joindre le 35e léger en garnison à Livourne, en Toscane, et me recommanda au colonel de ce régiment. A mon arrivée, je fus reconnu en qualité de fourrier en subsistance ; quelque temps après, à une revue de la princesse Félix, sœur de Napoléon, je fus reconnu en qualité de sergent-major des voltigeurs en 1813 ; ensuite au grade d'adjudant sous-officier ; dans le même temps que l'ennemi s'empara du faubourg Saint-Pierre de Livourne, me trouvant à la tête de cent jeunes soldats à peine habillés, je parvins à enlever un drapeau à l'ennemi ; ce trait me fit proposer au grade de sous-lieutenant, marqué pour la croix. Les événemens de 1814 arrivant en même temps, je fus, comme bien d'autres, privé de l'avantage que m'offrait la carrière militaire. Après la paix, je vins en France, de là, il me fut accordé de rentrer dans mes foyers, en attendant qu'une décision ministérielle décidât du sort de l'armée.

En 1815, je fus me ranger sous les bannières du Grand-Homme ; sa nouvelle chute fut cause que je vins de nouveau dans mes foyers ; ne sachant à quoi me livrer, je pris le parti d'entrer dans l'enseignement primaire ; après avoir exercé comme instituteur communal, je me mariai ; je ne fus pas heureux pendant mon mariage, mon épouse étant atteinte d'une maladie chro-

nique; après m'avoir bien coûté, elle succomba, me laissant trois enfans en bas-
âge, sans fortune, ayant éprouvé une ban-
queroute en 1823, je fus bien malheureux, accablé de dettes, je ne savais pour
ainsi dire quel parti prendre pour mettre
fin à mes peines, il me restait pour tout
bien soixante-dix centimes; cette position augmentait mon tourment, ayant
consulté la providence sur ce que je devais
faire, je parvins à trouver une demoiselle
en secondes noces, qui mit un terme à ma
misère; elle prit soin de mes enfans et alors
je ne m'occupais plus qu'à l'engager, après
avoir réglé mes affaires, à quitter notre
pays et venir végéter auprès de la capitale,
pour y exercer la profession d'instituteur à
laquelle j'ai été obligé de renoncer par
rapport à la vue. Eprouvant tant de peine,
je pris la résolution de voyager; à l'effet de
connaître par moi-même la position de notre
pays pour en faire part plus tard au public.

On ne saurait croire les peines que j'ai
éprouvées depuis 1824 jusqu'à ce jour,
quoique cependant mon sort soit moins

triste aujourd'hui, mes enfans commençant à être élevés : j'en ai un qui est militaire, que j'ai fait entrer au 9e chasseurs en qualité d'enfant de troupe ; le second étudie pour être prêtre , par les soins d'un digne curé ; les autres gagnent maintenant leur vie, excepté une petite de dix ans qui est encore en classe. Le détail serait trop long pour citer ici toutes les circonstances qui ont accompagné ma vie, je me suis seulement borné à en donner ici un faible abrégé. Voici les pays étrangers que j'ai parcourus en commençant par la Savoie, qui est un pays peu fertile, très froid, où les habitans voyagent beaucoup. Ce pays offre assez de religion , il est couvert de montagnes fort élevées; le Mont-Cenis, sous l'empire, avait un commandant de place ; la troupe qui passait pour se rendre en Piémont ou en France, avait ration et demie et le vin, il y avait des moines pour gouverner l'établissement. Les villes les plus marquantes sont Chambéry, qui en est la capitale, Saint-Jean-de-Maurienne , Montmélian, célèbre par ses bons vins ; on trouve, au pied du Mont-Cenis, Lamsbourg, où Napoléon fit construire une magnifique caserne ; au milieu de la cour il existe une belle fontaine. Le Savoyard est très intéressé.

La Suisse est un pays moins pénible que la Savoie qui l'environne ; le pays est fort bon par contrées ; il est divisé en 13 cantons, c'est Genève qui en est la capitale. Cette ville, auprès de laquelle il y a un superbe lac, est grande, fort peuplée ; elle est aussi commerçante, et est le chef-lieu de la république ; cette ville abonde en toutes sortes de marchandises ; elle est habitée par quantité de grands personnages ; la religion la plus connue est la protestante. La Suisse fournit des hommes à toutes les puissances , c'est un peuple neutre. Les Suisses ont bon cœur,

C'est sur une montagne de la Suisse que le Rhône prend sa source, il traverse la France, le Rhin passe en Allemagne, on les voit se séparer l'un et l'autre.

Le Piémont est un pays qu'on compare au jardin de l'Europe par sa fertilité, Turin, qui en est la capitale, est fort beau, les rues sont belles ; sur la place, on voit les quatre portes ; c'est en partie la plus belle ville de ce pays, c'est la résidence du roi de Sardaigne ; on récolte en Piémont des vins excellens ; les mœurs des habitans sont assez bien ; il y a quantité de seigneurs.

L'Italie, qui est près le Piémont est un pays fort beau, Milan, qui en est la capitale, est une ville fort grande, bien peuplée, c'est la résidence du vice-roi ; ce pays est gouverné par des princes et soumis à l'empire d'Autriche ; on trouve Plaisance, gouverné par l'ex-impératrice des Français, archi-duchesse de l'empire d'Autriche. Elle gouverne aussi Parmes ; les Etats Romains sont sous la puissance de Sa Sainteté le Pape ; sa résidence est Rome, capitale du monde chrétien ; on y voit de beaux édifices. Ce fut le pape Pie VII qui fut amené captif en France sous l'empire, il ne rentra dans ses états qu'à la restauration de 1814.

Ce saint-pontife fut un grand soutien de l'église, sous son règne. On voit Florence, ville fort bien bâtie : le duc de Savoie disait que cette ville ne devait être montrée aux étrangers, que les jours de dimanche et fête. Il reste encore en Italie un grand nombre d'autres villes qui sont magnifiques. Le pays est fort bon, mais la basse classe n'est pas heureuse, les habitans sont forts pour la musique, je ne vois pas qu'ils soient forts pour la culture, car avec un terrain aussi fertile, ils devraient être plus riches qu'ils ne le sont ; on trouve en Italie du beau sexe, son plus grand défaut, c'est d'être traître à son prochain.

Le pays de Naples est en beaucoup de contrées très fertile, c'est un royaume, dont Naples est la capitale, c'est la résidence du roi. Cette ville est fort peuplée, fort riche pour le commerce ; on voit des peuples qui errent sans cesse dans les rues sans demeure. En été, les chaleurs sont si grandes, que le commerce est suspendu dans le jour et les affaires se font pendant

la nuit ; près de cette ville on trouve le Mont
Vésuve, on y voit toujours des flammes.
La Calabre est une province très pauvre,
un pays de montagnes ; les habitans sont
malheureux , mais voyagent beaucoup.
Comme l'Italie, ce pays a été gouverné par
le prince Murat , et ce souverain y perdit
la vie en 1815. Il avait épousé une des
sœurs de Napoléon ; enfin le pays de Naples est un beau royaume , n'a pas une
grande étendue, mais il n'en est pas moins
bon pour le commerce.

La Corse est un pays malheureux, c'est
la patrie du Grand Homme ; le peuple parle
la langue italienne. Ce pays fut cédé à la
France sous Louis XIV, depuis cette époque
il nous appartient. Les habitans sont en
partie pauvres , leur principale récolte, ce
sont des châtaignes ; il n'en est pas moins
fertile en sciences, il a fourni à la France
de grands hommes.

En 1815, je parcourus la Confédération

du Rhin. Ce pays est assez beau, les habitans parlent allemand, ils sont bons, forts pour le commerce et sont propres à la guerre; ils montrèrent un grand courage en 1814, époque à laquelle Napoléon fut relégué à l'île d'Elbe; ensuite, d'accord entre les potentats de l'Europe, en 1815, à sa nouvelle chute, il fut relégué à l'île Sainte-Hélène, où il termina sa carrière en 1821. Il reste son tombeau qui est un gage précieux pour l'Anglais. Il laissa un fils qui mourut en Autriche, après les événemens de Juillet: il avait quatre frères et trois sœurs; ils furent tous rois excepté Lucien qui vivait en mésintelligence avec lui; c'est aujourd'hui le seul qui est reconnu prince romain. Sa famille est puissante par sa grande fortune; la reine de Naples défunte, était la plus pauvre, puisque quelque temps avant sa mort, elle avait sollicité une pension à la France. Cette dernière puissance lui accorda cent mille francs annuellement, pour les services que sa famille avait rendu au pays; il avait, ce grand monarque, son fils adoptif Beauharnais, qui avait épousé une princesse de Bavière, où il mourut : c'était un grand capitaine.

La famille de Napoléon habite en Autriche; le prince Eugène était fils de Joséphine, épouse en premières noces de Napoléon. Ce prince était vice-roi d'Italie. Après l'empire, la France eut pour souverain Louis XVIII. Rempli de connaissances, sous son règne, la France goûta les douceurs de la paix. Il mourut en 1824, emporta avec lui les regrets de son peuple et des princes de l'Europe. La seconde épouse de Napoléon était une princesse de la maison d'Autriche; elle est aujourd'hui duchesse de Parmes et de Plaisance. Pendant les Cent Jours, le roi se retira à Cambray, où le prince Berthier se précipita d'une fenêtre.

Voici quelques détails sur la France en commençant par la capitale. Paris est situé dans une vaste plaine, cependant on voit dans cette ville des montagnes ; elle est grande, fort peuplée, riche en tout genre, c'est la résidence des rois ; on y trouve tout ce que l'homme peut désirer ; il y a un grand fonds de religion, tous les cultes sont libres. Paris est dominé par la butte Montmartre, traversé par la Seine ; on y voit de magnifiques ponts ; enfin, le détail en serait trop long pour en donner tout son contenu, pour connaître Paris ; il faut long-temps pour dépeindre ses beaux édifices ; il est même prudent à celui qui ne connaît pas Paris, de faire attention à lui en parcourant ses rues la nuit. Paris se trouve dans l'Ile-de-France, pays charmant, fertile en tout, le mieux situé à cause de sa grande population.

On voit près la capitale certains usages bien singuliers : les instituteurs font la fosse des morts ; les jours de dimanches et fêtes, ils vont dans chaque maison porter de l'eau bénite, et ont pour toute rétribution un morceau de pain ou bien quelques centimes de chaque habitant. On voit près Paris, Saint-Cloud, Saint-Germain, où les rois ont un château ; Versailles a un beau château, Rambouillet aussi, c'est à Saint-Cloud où les rois restent davantage.

Nous allons commencer par la Picardie. Ce pays est beau, le peuple y est fort humain, l'instruction y fait des progrès, les écoles sont bien tenues, on voit des maisons d'école d'établies. Ce pays récolte beaucoup. Amiens en est la capitale ; la principale boisson est du cidre ; l'église de Beauvais est un morceau curieux ; on voit en Picardie le château du Ham, où les ministres de Charles X furent long-temps détenus. Ce pays fait quantité d'élèves en fait de chevaux. Le Picard est franc ; il y a beaucoup de religion ; autrefois les instituteurs près Paris sortaient de ce pays ; les meilleurs chantres des églises de Paris sont Picards. On trouve Compiègne, où il y a un château royal et une vaste forêt.

La Flandre est un pays fort étendu, mal bâti. On y voit Lille, ville fort grande, l'horloge est curieuse ; ce pays récolte assez ; la boisson est la bière. Les Flamands sont bons, bienfaisans, le sexe y est fort beau. L'instruction commence à faire certains progrès : on construit des maisons d'école

1.

dans les communes. Cette province récolte beaucoup ; les Flamands sont robustes en partie ; nos places fortes sont dans ce pays.

Près Paris, on trouve la petite province de la Brie, fertile en grain, mais peu en vin ; cette province et la Beauce sont les greniers d'abondance de la capitale. Depuis 1830, l'instruction y est mieux cultivée, des maisons d'école sont construites ; le peuple y est bon, humain et a beaucoup d'usage ; elle ne renferme rien de remarquable : la maison de détention de Melun est assez curieuse, la cathédrale de Meaux est un joli morceau d'architecture ; il n'y a pas de ville considérable. Ce pays est fort beau par sa proximité de Paris ; on voit de magnifiques châteaux, sur la Seine. Les domestiques gagnent de forts gages et sont bien nourris ; les fermiers sont plus brillans que les seigneurs des provinces éloignées de la capitale.

Le Gâtinais est fertile en vin, on y récolte encore du grain. L'instruction est fort mal cultivée en certains pays; on trouve dans cette province, Fontainebleau, ville royale, le château est magnifique, quoique cependant son architecture ne soit pas régulière. Cette ville n'était jadis qu'un rendez-vous de chasse; elle est située au milieu d'une vaste forêt, ses rues sont belles. On voit aussi Montereau, célèbre par la fameuse bataille que donna Napoléon en 1814; de là, il se retira à Fontainebleau, où il renonça au trône de France et aux autres pays qu'il avait conquis. Il y a la petite ville de Nemours: on voit un vieux château des ducs de Nemours, qui n'offre rien d'intéressant sinon qu'une ancienne mâsure; on trouve près une petite commune appelée la Madeleine, une ancienne tour qui est d'une élévation assez curieuse, Châteaulandon auprès, ville fort ancienne, qui fut détruite sous César; on y voit un reste de l'hôtel de la monnaie, cette ville n'est plus aujourd'hui qu'une simple campagne; un reste de chemin de César existe encore près Châteaulandon. Ferrières, qui était remarquable par ses deux clochers, il y en a un de tombé depuis quelque temps. Montargis en est la capitale ; il y avait un ancien château, on a fini de le démolir dernièrement. L'instruction n'y a pas fait de progrès depuis 1830. Le peuple est fort intéressé et ce pays ne possède pas grande lumière ; on y récolte du safran. Les habitans sont fort bons ; ils aiment à se rendre utiles à leur prochain. On rencontre beaucoup de forêts.

L'Orléanais est une province qui abonde en toutes sortes de denrées, surtout en vins excellens. Les instituteurs ne sont pas fort avancés en lumières ; je ne vois pas grand progrès, en différens pays. Le peuple est généralement bon, humain. On trouve Orléans, ville grande ; il s'y fait un grand commerce en vins, eau-de-vie ; la ville est belle, cependant il y a des rues mal pavées. On trouve sur la place, Jeanne d'Arc, dite la Pucelle d'Orléans. On ne trouve rien de beau en cette ville, que l'église qui offre une architecture du genre gothique. Il n'y a pas d'autres villes dignes d'être citées ; la foire est pour ainsi dire l'agrément d'Orléans. Cette ville est le centre des routes. Il y fait bon vivre.

La Bourgogne est une vaste province ; l'instruction y est bien cultivée ; des maisons d'école, construites principalement dans la Côte-d'Or, sont pour ainsi dire un bien des communes. Elle possède des villes fort remarquables : Sens, qui était autrefois le tombeau des rois, c'est aujourd'hui Saint-Denis, près Paris. L'église est belle ; c'est Auxerre qui est plus connue par la qualité de ses bons vins ; la Seine prend sa source près Ste-Seine ; plus loin elle fait tourner un moulin ; ce n'est qu'à Nogent-sur-Seine qu'elle devient puissante ; le pays est fertile en tout, principalement en vins qui sont fort estimés ; le peuple y est doux, humain, et le voyageur y est bien vu. Cette province s'étend jusqu'aux portes de Lyon ; les habitans se nourrissent fort bien ; mais en différens pays on mangeait du pain de seigle. Les villes fortes en commerce sont Dijon,

Châlons, Mâcon. On trouve près Mâcon une petite ville appelée Cluny, qui, avant la révolution de 1789, possédait un magnifique couvent ; il existe encore aujourd'hui, mais il n'est plus qu'une maison qui tombe en ruines ; près Macon, les femmes portent un chapeau d'une forme singulière. Les vins rouges du clos Vougeau sont récoltés en Bourgogne, près Dijon. On voit la ville d'Autun, qui était le dépôt des armes de César, c'est le siége d'un évêque; on y voit des restes romains.

La Champagne est un pays fertile en grains, vins excellens ; on y trouve des villes assez fortes : Troyes, mal bâti, Châlons, Rheims. C'est dans cette ville où on sacre les rois de France ; le portail de l'église est curieux ; les écoles sont fort bien tenues. En Champagne, le peuple y est bon. On voit près Châlons, la Belle-Epine, où il y a une belle église: sur un des clochers, il existe un beau télégraphe, c'est une curiosité pour le passant. On voit aussi Brienne, où il y a un beau château, c'est là où Napoléon a commencé à se faire connaître ; ce fut par la protection du comte de Malbeuf qu'il fut admis à l'école de Brienne. Ce pays fait un grand commerce en vins.

Les habitans sont bons, humains, très portés à l'instruction ; ils commercent beaucoup sur les bas.

La Lorraine, province assez étendue : on voit de grandes villes, Nancy, Metz, villes fortes, jolies. Nancy est beau par la régularité de ses rues et de ses magnifiques édifices. Cette province a produit à notre ancienne armée de grands capitaines ; les habitans voyagent beaucoup, les sciences sont assez cultivées. Il y a un grand fonds de religion ; on y récolte assez de vins, des fruits excellens et des grains ; il y a quantité de forêts, parmi lesquelles on compte la forêt des Ardennes ; le peuple est bon, affable, enfin on peut avec facilité voyager dans le pays ; les vivres ne sont pas cher. Le duc de Lorraine était autrefois célèbre.

La Franche-Comté est un pays fertile en tout genre; beaucoup d'habitans font de beaux élèves en bestiaux. Le peuple y est franc. Beaucoup d'écoles sont bien tenues; il n'y a pas de communes sans instituteurs. Cette province borne la Suisse, c'est sur une des montagnes de cette république, que le Rhône prend sa source. On voit dans cette province de très hautes montagnes; le froid y est fort grand, à cause de ses montagnes. On y récolte des vins, blés excellents de Saint-Arbois; il y a quantité de pâturages. Les belles villes sont Besançon, Dôle, qui est fort ancien, Saint-Claude, Lons-le-Saulnier.

Cette province est très commerçante par ses excellents fromages de Gruyère.

Le Jura est une très haute montagne. Le clergé y est fort pieux, aussi les habitans imitent son exemple. Il fait bon voyager dans le pays; rien n'est trop cher; les propriétaires ne se nourrissent pas mal; le sexe y est bien, le costume n'est pas indifférent.

La Bresse, petite province attenante à la

Franche-Comté, difficile à y voyager en hiver. Le peuple est fort simple, mais très pieux; il y a peu d'écoles, pour ainsi dire, encore malgré le zèle que le gouvernement a, pour que toutes les communes soient pourvus d'instituteurs. Le sexe porte un costume singulier, des galòns en or ou en argent aux manches des robes selon leurs moyens. La ville la plus belle est Bourg, où à quelque distance de la ville il y a une belle église. On y voit la princesse de Savoie en marbre blanc, la cause de sa mort, fut un morceau de verre qui entra dans son pied en descendant de son lit; cette princesse entendait la messe près de son feu; il y a une cheminée. Les chapons de Bresse sont fort estimés en France. Le pays fait quantité d'élèves en bestiaux. On récolte encore assez de grain et autres denrées.

La nourriture des habitans est fort simple; ils mangent de la poulinte. Le pays a un grand fonds de religion.

La ville de Belley, qui est la capitale du

Bugey, est la résidence de M. Devi, saint évêque, qui fut sacré en 1822. Le saint prélat, en visitant pour la première fois son diocèse, parcourut la campagne à pied, et partout où il passait, il s'informait des différends qui sont si communs aujourd'hui entre les peuples, et tâchait de les faire cesser complètement avant son départ. Ce petit pays récolte de bon vin, du grain, des bestiaux; enfin le peuple n'est pas malheureux; il est assez simple, mais très affable. Il y a des fromages excellens.

Le Lyonnais est fort bon. Lyon, qui en est la capitale, est une des premières villes de France. Son commerce est très considérable, tant à l'étranger que dans l'intérieur. Cette ville, dont les environs sont de toute beauté, est grande et hérissée par le Rhône et la Saône. On y voit de beaux ponts de fer, de belles places : enfin, après Paris, on trouve dans cette ville tout ce qu'on peut désirer. Elle est l'entrepôt des vins du Midi. L'église Saint-Jean est la plus belle. L'hôtel-de-ville et la place Bellecourt sont magnifiques. La plus belle rue est la rue Mercière. Toutes les denrées y sont chères, à cause de son commerce.

Le Dauphiné se divise en Haut et Bas-Dauphiné. C'est une province fort industrieuse. Les habitans voyagent beaucoup, principalememement ceux du haut. Ce pays a de belles villes : Grenoble, Valence, Vienne, et plusieurs autres. Grenoble eut un parlement fort connu par ses célèbres avocats. Valence possède un beau parc d'artillerie et un magnifique pont en fer sur le Rhône. Vienne a une fort belle église : cette ville était jadis le chef-lieu archiépiscopal d'un archevêque. On voit, près Vienne, un reste d'antiquité romaine : Gap, qui est moins considérable depuis la guerre de 1661 ; Embrun, bâti sur un rocher ; Briançon, connu par ses fortifications. C'est là que la Durance prend sa source. C'est à Valence où Pie VI termina sa carrière en 1798 ; on voit son mausolée dans l'église. On trouve une grande différence de mœurs des habitans du haut avec ceux du bas. Dans le haut ils sont bien plus doux que dans le bas.

Ceux-ci approchent de la Provence, mais ils n'en sont pas moins bons; ils aiment à rendre service, sont fort polis partout où ils se trouvent, ont beaucoup de religion, et sont en général très humain.

Ceux du haut ne sont pas aussi aisés que ceux du bas, le pays n'étant pas aussi fertile. On récolte en Dauphiné, près Valence, les fameux vins de l'Hermitage. Le pays, en général, récolte passablement de grain; on y élève des vers à soie en abondance. Les Dauphinois sont fort adroits, et aiment à obliger. On trouve aussi Crest, ville où il y a une belle tour qui est une maison de détention. Les vins blancs de Die sont fort estimés. Il y a à Saint-Paul trois châteaux; cette ville était jadis le siége d'un évêque. Dieulefit, connu par ses belles manufactures de draps et de soie. On voit Montelimar, qui a une ancienne citadelle. C'est sur le pont de Liveron que le 10ᵉ de ligne se battit avec tant de courage pour la cause de la branche aînée des Bourbons : ce pont est situé sur la Drôme. On voit Pierre-Latte; au milieu de la ville, un rocher d'une hauteur immense. Le couvent de la Trappe est près Montelimar.

Le comtat Venaissin et la principauté d'Orange. — Cette province, quoique peu étendue, renferme, dans son sein, des villes très remarquables. Avignon est une ville fort belle; on y voit l'ancien palais du pape. Il y a un beau pont et plusieurs autres édifices dignes de fixer l'attention. L'instruction commence à faire quelques progrès. Les habitans sont un peu brusques, quoique bons; ceci tient au climat du pays. Ils parlent avec peine la langue française. On trouve la célèbre fontaine de Vaucluse, qui donne son nom au département. On voit à Orange un arc de triomphe qui fut érigé à la mémoire de Marius, pour la victoire qu'il remporta sur les Cimbres. Cette ville possède aussi plusieurs restes d'antiquité dans les maisons des habitans. A Carpentras, ville ancienne, on admire le portail de l'église, ci-devant cathédrale. On trouve dans ce pays le mont Ventoux, qui est très élevé, où une belle chapelle y est

construite : tous les ans une fête champê-
tre y est célébrée. Cette province est fertile
en tout ; on y récolte tout ce qu'on peut
désirer. Valréas, patrie du cardinal Maury.
Ce pays est connu par sa célèbre foire de
de Saint-Jean, avec son beau feu d'artifice.
Cavaillon est connu par ses bons melons.

La Provence est fort riche, peu d'instruction. Cette province est divisée en Haute et
et Basse-Provence ; les habitans de la haute
ne sont pas aussi aisés que ceux de la basse.
Le terrain n'est pas aussi bon ; le pays, à la
vérité, offre de grandes ressources. C'est
de la haute qu'on voit venir à Paris plusieurs jeunes gens jouer de plusieurs ins-
trumens.

Cette province renferme plusieurs villes
curieuses, telles que Draguignan, situé dans
une vaste plaine ; elle est commerçante en
huile, et en vin excellent ; Fréjus, patrie de
Cornélius ; Saint-Tropès, sur la Méditerra-
née, fait un grand commerce de thon ma-
riné, anchois salés ; Grasse, célèbre par ses
parfumeries et ses eaux de fleurs d'orange ;

Antibes, port de Mer; Toulon, un des plus beaux ports qu'on puisse voir. On y voit un superbe arsenal; le port, qui est destiné aux vaisseaux de guerre, est défendu par plusieurs forts : c'est un des plus vastes et des meilleurs de l'Europe. On trouve Marseille, qui possède un joli port de mer; cette ville est fort belle, très commerçante, et est le séjour d'un grand nombre d'étrangers; elle est divisée en ville haute et ville basse; il y a de belles portes d'entrées; l'église est curieuse; elle passe pour la plus ancienne des Gaules; son commerce s'étend dans toutes les parties du monde : l'étranger y trouve un séjour fort agréable. Aix, ancienne capitale de la Provence, fort connue par son académie universitaire, fut fondée près de 1200 ans avant Jésus-Christ, par le consul Caïus-Sextus Calvin; enfin on y voit plusieurs autres villes remarquables. Le peuple est un peu grossier, peu d'instruction; cependant je pense qu'elle va faire quelques progrès, ce qui est utile au pays. Le français est peu connu parmi les gens de la basse classe. Il s'y fait un commerce considérable de moutons ; on en envoie paître, en été, une grande quantité sur les montagnes du Haut-Dauphiné. On y récolte des vins excellens et d'autres denrées.

Les mœurs des habitans sont un peu grossières ; un usage qui est contre la pudeur le prouve, c'est que les femmes portent des robes fort courtes ; leur nourriture est fort bonne ; la religion catholique y est dominante.

Le Languedoc est une province assez fertile, surtout en vins excellens ; on y fait beaucoup d'eau-de-vie qui est très connue. Les habitans ont à peu près les mêmes usages que ceux de la Provence. Le Languedoc possède plusieurs villes commerçantes. Nîmes se fait remarquer par des monumens romains, tels que l'amphithéâtre, le Temple de Diane. Nîmes est l'entrepôt de différentes marchandises. On trouve Beaucaire, fort renommé par sa célèbre foire qui ouvre le 22 juillet ; elle est la plus considérable de l'Europe; Pont - Saint-Esprit, sur le Rhône, qui a un pont composé de vingt-six arches. On récolte aussi les vins de Tavel, Saint-Gilles, toutes sortes de fruits et des olives. Montpellier, ville remarquable par son école de médecine, une des plus belles de l'Europe. Lunel est renommé par ses excellentes eaux-de-vie et ses vins muscats.

Il y a peu de luxe dans cette province. On y voit des personnes fort riches simplement vêtues.

Béziers commerce beaucoup sur les vins. Ce pays est fort bien situé; son séjour est un des plus beaux de France. La ville de Cette, port de mer. Carcassonne a plusieurs mines de fer; on trouve le joli pont du Gard, près Nîmes, bâti par les Romains; mais celui de Pont-Saint-Esprit est le plus ancien de ceux qui existent en France; enfin cette province récolte en général tout ce qui est nécessaire à la vie de l'homme : on trouve des mines d'argent, de plomb; l'instruction primaire commence à y faire quelques progrès; le peuple a beaucoup de religion; le costume des habitans est assez bien. On trouve aussi Saint-Aman, où est situé le château du duc de Dalmatie.

La Guyenne. On y trouve Bordeaux, l'une des plus belles et des plus considérables villes de France ; elle a un fort joli port sur la Garonne, il y a un beau pont voûté en briques, il a dix-sept arches et a cinq cent cinquante-quatre mètres de long. On voit, dans Bordeaux, des restes d'antiquités romaines ; il y a près de là le château de la Brède, où naquit Montesquieu. Près Bordeaux, Henri IV, alors roi de Navarre, remporta, en 1587, une grande bataille, où fut tué le duc de Joyeuse. Les environs de Bordeaux sont magnifiques, fertiles en tous genres. Les habitans sont fort bien ; l'instruction y prend empire. La ville de Bordeaux a donné son nom au fils du feu duc de Berri ; il habite en ce moment dans une des provinces de l'empire d'Autriche.

Le Rouergue possède Rhodez, sur l'A-veyron ; il n'y a rien de curieux. On récolte dans ce pays peu de grains ; les fromages de Roquefort sont fort estimés. Les habitans ne sont pas très à leur aise, ils sont fort simples; il y a peu d'instruction, la religion est bien observée. Il est sorti de ce pays un grand nombre d'hommes célèbres. Enfin si les sciences étaient cultivées dans ce pays comme dans bien d'autres endroits, les habitans seraient très adroits.

La Bretagne est une province qui possède quelques villes considérables, telles que Rennes, assez curieux; Nantes qui fait un grand commerce; il y a peu d'instruction dans ce pays; les habitans ne sont pas très curieux de la propreté, qui est cependant si utile à la santé. Le peuple est fort attaché à sa religion; les prêtres sont très bien dans leur ministère, et ont dans leurs manières quelque chose qui annonce beaucoup de dignité pour le sacerdoce. Cette province, sans être très fertile en grains, récolte passablement pour l'usage de ses habitans; on y fait quantité d'élèves en bestiaux. Près Nantes, on voit le château du général Cambronne.

Ce pays donne des prêtres à bien des diocèses ; il y a peu de luxe, mais beaucoup d'instruction : les habitans sont très avares ; on y fait des élèves en chevaux.

Le Vivarais fait un commerce considérable sur la soie ; il renferme un grand nombre de manufactures considérables. Ce pays est rempli de hautes montagnes ; dans une partie, les habitans ne sont pas à leur aise, sont mal vêtus. On y récolte des vins excellens ; ceux de Saint - Perray sont fort renommés ; il y a peu de grains ; les habitans ne sont pas très doux. Les villes les plus remarquables sont Privas, où on ne trouve rien de curieux, sinon que la maison de détention ; Viviers, sur le Rhône, ville mal bâtie, elle a possédé le fameux géographe Faugergue ; Tournon, connu par son collége royal. Cette province a fourni plusieurs guerriers à la France ; elle commerce beaucoup avec le Dauphiné, n'ayant que le Rhône qui la sépare ; il y a encore peu d'écoles d'établies ; l'instruction n'a pas fait grands progrès depuis 1830. Cependant, dans quelques endroits, on trouve un peu plus de zèle que dans le temps, ce qui fait croire que sous peu ce pays se mettra au rang des Provinces qui imitent la capitale. Il y a plusieurs couvents de filles.

Les mœurs des habitans de cette province sont fort modestes, ils vivent très simplement, les femmes portent quantité de rubans à leurs têtes; il s'y fait quantité d'élèves en bestiaux; on y voit plusieurs hautes montagnes.

La province du Vellay est un pays couvert de hautes montagnes. Les villes les plus considérables sont le Puy, ville assez grande, remarquable par sa belle promenade, le rocher Saint-Michel; il y a un temple antique bien conservé; cette ville a vu naître le cardinal de Polignac, elle commerce beaucoup sur la dentelle; on récolte, dans ce pays, fort peu de grains et autres denrées; les habitans ne sont pas très heureux; c'est là où le célèbre saint François - Regis termina sa carrière, après une suite de missions qu'il fit dans ces pénibles montagnes;

on voit aujourd'hui son tombeau, où un grand nombre de voyageurs vont en pèlerinage, ce qui rend le pays un peu plus brillant qu'autrefois. Malgré la triste nourriture des habitans, ils sont très robustes; ils ont un grand fonds de religion, mais peu d'instruction; on doit attribuer cette négligence au peu de faculté des pères et mères qui ne peuvent envoyer leurs enfans à l'école. Le sexe y est fort bien, quoique mal vêtu; on y fait plusieurs élèves de bestiaux, ce qui le rend un peu florissant : c'est là où la Loire prend sa source.

L'Auvergne est une province dont les habitans voyagent sans cesse. Ce pays, en plusieurs contrées, est couvert de montagnes et est peu fertile; cependant il y a une bonne contrée qui est la Limagne d'Auvergne; on y récolte quantité de grains, des vins en abondance, qui sont très capiteux. L'instruction y a fait, depuis 1830, des progrès rapides; les habitans sont très portés au commerce en tout genre, car la plupart ont fait fortune dans plusieurs provinces. Ils sont très intéressés; cependant ils savent passer dans la société, dans tous les pays où ils se trouvent. Les villes considérables sont : Clermont, ville ancienne, qui était déjà renommée du temps de César; les rues sont étroites et irrégulières, les maisons sont bâties en pierres noires et fort élevées, ce qui rend sombre l'intérieur de la ville; enfin Riom, qui possède une cour royale bien connue par ses célèbres avocats. Tout ce qu'on y voit de curieux, c'est la tour de l'Horloge et le palais de justice. L'Auvergne fait quantité d'élèves en chevaux; le peuple y est assez bon; ceux qui voyagent ont beaucoup de peine dans leur enfance; ils se livrent aux ouvrages les plus pénibles de la société, dans la capitale et autres villes du royaume.

Les femmes portent des chapeaux en paille, garnis de rubans, la plupart accompagnent leurs maris en voyage. Ce pays est fort attaché à son culte. On voit en Auvergne le château de Randam qui est magnifique.

Le Forez a fort peu d'étendue, mais malgré sa petitesse, il fait beaucoup de commerce. On voit dans ce pays des villes très remarquables, telles que Saint-Étienne, ville grande et renommée par ses armes de guerre, et par une école des mines établie par François Ier; Montbrison, situé dans une vaste plaine : cette ville possède de belles casernes. Cette province récolte encore assez de denrées, fait beaucoup d'élèves en bestiaux; l'instruction commence à s'y propager, les habitans sont fort adroits, c'est pour cela qu'ils passent pour être très fins. Ce pays ne possède aucun monument remarquable, sinon le chemin de fer de Lyon à Saint-Étienne et de Saint-Étienne à Roanne, ce qui donne beaucoup de facilité pour le commerce de ce pays.

Les mœurs sont très douces, les Forizins sont fort polis en général, leur nourriture n'est pas bonne, leur costume est très propre, le sexe n'y est pas indifférent; il y fait cher vivre pour le voyageur, ceci est attribué à son grand commerce; il y a beaucoup de religion, dans plusieurs communes on trouve des couvens de femmes.

Le Bourbonnais est un pays où on récolte bien peu de grains, peu de froment ; les habitans ne se nourrissent que de pain de seigle ; en général, ce pays n'a fait, pour ainsi dire, aucun avancement dans l'instruction primaire ; on trouve des cantons où il n'y a qu'une ou deux écoles ; il n'a rien fait pour les constructions des maisons d'écoles. On voit Moulins, ville assez bien située, mais peu commerçante. Il y a un beau pont sur l'Allier. Cette ville possède un collége royal, une belle caserne. Les habitans sont très bien, fort adroits dans le commerce quand ils voyagent. Ce pays offre, dans plusieurs de ses contrées, des plaines immenses en mauvais terrain. Le costume des habitans de cette province n'est point mal ; on y fait une grande quantité d'élèves en bestiaux. Enfin on peut la mettre au rang des provinces industrieuses de la France. On voit sur l'Allier un pont magnifique dont la duchesse de Berri posa la première pierre. C'est là que cette rivière rentre dans la Loire. On trouve un pays appelé Malicorde, où César cassa la bride de son cheval. Les eaux minérales de Bourbonne-les-Bains sont excellentes.

Le Nivernais est un pays où les mœurs ne sont pas aussi douces que celles du Bourbonnais, quoique assez près l'un de l'autre. Il y a peu d'instruction. Les habitans ne sont cependant pas mauvais, quoique un peu brusques. Les villes des plus importantes sont Nevers, ville bien commerçante, mal bâtie. Sous l'empire de César, elle était l'entrepôt de ses armes. Sa croix de mission est curieuse. La Charité, située sur les bords de la Loire, dans une belle position. Cette ville est mal bâtie. Ce pays fait un grand commerce qui est dû à ses belles manufactures; ses belles forges en fer sont presque toujours en pleine activité. On y récolte des vins bien estimés, entre autres les vins de Pouilly. Il possède quantité de bois. On y trouve des fonderies de canons. Le Nivernais, quoique peu étendu, récolte beaucoup, fait des élèves en bestiaux. On ne voit, pour ainsi dire, dans des communes, pas plus de prêtres que d'in-

stituteurs. Quant aux usages, ils sont pas-
sables. Il y a de beaux châteaux sur la
Loire.

Le Morvan. Ce pays est rempli de vastes
forêts et de montagnes; il n'est pas plus
avancé pour l'instruction que le Nivernais.
Les villes les plus remarquables sont : Château – Chinon, Clamecy et Varzy. Château-
Chinon est situé sur l'Yonne, qui prend
sa source près de cette ville. Elle était le
camp des chiens de César; aussi l'appelle-
t-on, en latin, dans l'Écriture, *castrum
canis*. Clamecy fait un grand commerce en
bois. Varzy est un pays qui a vu naître les
célèbres fils de M. Dupin, ancien sous-pré-
fet de cette dernière ville, dont l'aîné est si
connu par ses talens. On trouve Châtelus,
où il y a un beau château habité par un
comte du même nom.

. Ce château est fort antique. Les habitans
de cette province sont grossiers; mais ils
n'en sont pas moins bons. Ils ne sont pas
attachés au luxe. Les enfans ont une grande
difficulté pour s'instruire. Les chemins sont

impraticables en hiver. Il y a peu d'écoles. Ils font quantité d'élèves en bestiaux, et ils récoltent beaucoup de denrées. Les chevaux du Morvan sont fort estimés.

La Marche est une petite province fort peuplée. Les habitans voyagent beaucoup. Peu d'instruction. Peu de villes remarquables. Guéret, qui en est la capitale, est une ville mal bâtie; elle récolte peu de grains; son terrain est difficile à cultiver, attendu qu'en hiver il est rempli d'eau, étant un pays plat. L'industrie des habitans, c'est d'être maçon. Ces ouvriers se nourrissent fort mal, même quand ils travaillent, car ils ne mangent, pour ainsi dire, que du pain. Ils ne sont pas très propres, mais ils ont l'intérêt pour partage. On récolte, dans ce pays, des châtaignes, peu de vin et de qualité médiocre. Ses habitans, quoiqu'ils voyagent sans cesse, ont bien peu d'usage. Leurs mœurs sont assez douces. On y voit Aubusson qui possède de belles manufactures de tapis et tapisseries très renommés. Une grande ignorance existe dans ce pays.

Le Limosin. Les habitans de cette province voyagent comme ceux de La Marche, et professent en partie l'état de maçon. Ce pays a de remarquable Limoges, grande et belle ville, bien bâtie, qui possède de beaux édifices. Il y a peu d'instruction. Les habitans sont bons, bienfaisans. On y récolte un peu de grains, beaucoup de légumes, peu de vin, et on y fait quantité d'élèves en bestiaux. Il fait bon voyager; les vins ne sont pas cher. Quant aux ouvriers, ils gagnent peu. Ce pays renferme beaucoup d'anciens officiers de l'empire, et qui vivent très bien avec leur retraite. La religion y est bien suivie.

Le Berri, pays qui peut se passer de ses voisins, récolte en général tout ce qui est nécessaire à la nourriture de l'homme, tels que grains, vins estimés, etc. Cette province n'a pas fait beaucoup de progrès dans l'instruction; il n'y a, pour ainsi dire, que peu d'écoles dans les communes rurales. Quant au peuple, il est très bon. Ce pays a vu naître le général Bertrand, celui qui a montré tant de fidélité au Grand Homme, en le suivant dans son exil. Les villes les plus remarquables sont Bourges, ville grande, mais fort pénible. Ses rues ne sont pas belles. L'église est magnifique. Sancerre, fort élevé, sur le bord de la Loire. Cette ville est fort antique. On trouve dans le Berry, Valencey, où il y a un ancien château, qui a eu, pour prisonnier, Ferdinand VII, roi d'Espagne. Près Sancerre, il y a Saint-Thibeau, où on a construit un magnifique pont en fil de fer sur la Loire. Ce pays récolte beaucoup de bois. Il y a quantité de forges de fer. Les hommes portent de grands chapeaux noirs. Peu de luxe dans les campagnes.

La Sologne est un pays peu étendu, couvert cependant de vastes plaines sans aucune demeure. Les pays sont très éloignés les uns des autres. Il offre peu d'avantage, mais il n'est pas mauvais ; la principale récolte est du seigle ; on trouve en Sologne de beaux châteaux ; il abonde en gibier, poisson, et est très propice pour la chasse sur le bord de la Loire. Ce pays est charmant, les villes marquantes sont Romorantin, qui en était autrefois la capitale. On trouve Chambord, château qui appartenait au duc de Bordeaux, on y voit le lit de François Ier; si ce roi eût vécu plus long-temps il aurait rendu la Sologne plus riche qu'elle ne l'est aujourd'hui; la ville de Blois dépend de la Sologne, depuis le pont, sur la rive droite de la Loire. Ce pont est la curiosité de la ville, le terrain n'est pas cher, aussi c'est pour cela que bien des personnes viennent s'y établir en partie pour la chasse. On y vit à bon marché, il y a beaucoup de religion et peu d'instruction. Il ne fait pas bon voyager en hiver, le pays étant très plat. Les mœurs des habitans sont fort bien, ils ont une grande simplicité. Il est bâti généralement en bois, vu que la pierre n'est pas abondante, et le bois plus commun.

Les usages de ce pays sont comme ceux du Berry ; il n'a pas de grandes villes, mais il n'est pas loin de Bourges et d'Orléans. Les habitans sont fort intéressés.

En parcourant les provinces de France, j'ai omis de parler de celle de la Gascogne, la voici : cette province est fertile en toutes denrées. On y trouve d'abord Toulouse, ville superbe et bien peuplée, elle est magnifique, renommée par les grands hommes qui en sont sortis, qui ont en partie figuré aux ministères et occupé d'autres places marquantes dans le royaume de France ; si les sciences étaient cultivées dans cette province, comme dans bien d'autres, on verrait bien plus d'hommes de lettres qu'ailleurs ; les habitans ont l'esprit très fin, au reste, ils sont reconnus pour cela. Ils ne se nourrissent pas mal, la nourriture n'y est pas cher; le voyageur y trouve une grande facilité pour voyager. Depuis 1830, on commence à établir des écoles dans les communes rurales. Ce peuple voyage beaucoup, principalement pour la librairie. On voit des jeunes gens parcourir les campagnes avec des livres ou autres marchandises ; enfin les habitans de ce pays, quoique éloignés de la capitale, ne sont pas indifférens, ils ne leur manque qu'un peu plus d'éducation.

La Touraine est une province si fertile qu'on la compare au jardin de la France. On trouve la ville de Tours qui est fort commerçante : on y remarque l'église qui est superbe. Il y a un magnifique pont sur la Loire, où en 1814 les dames les plus marquantes de cette ville passèrent la nuit entière avec les troupes étrangères, et même un notaire ne voulut plus reconnaître sa femme qui avait laissé passer l'heure de la consigne. Le pays n'a pas encore beaucoup d'écoles dans les communes rurales; cependant il commence à se mettre à même d'y pourvoir. Dans bien des endroits, les habitans sont très bons et ont beaucoup d'usage ; le pays récolte tout ce qui est utile à la société ; on trouve Amboise, où on voit un beau château des ducs d'Orléans. Depuis Blois jusqu'à Tours, on voit de magnifiques maisons de campagnes sur la Loire ; c'est un plaisir que de voyager dans ce pays, le vin y est de bonne qualité, on y est très bien nourri. Partout où l'on passe, on est reçu dans les auberges avec une grande affabilité. Ce pays renferme beaucoup de religion.

On cultive dans cette province le mûrier; il s'y fait des élèves en bestiaux; il y a quantité de pruneaux.

La Normandie se divise en Haute et Basse - Normandie. Cette province est fort étendue, mais il y a plusieurs contrées où le terrain n'est pas fameux, cependant il y en a qui est très fertile; elle fait un grand commerce en bestiaux et autres denrées; ses limites s'étendent presque aux portes de la capitale; elle renferme dans son sein plusieurs grandes villes, Rouen, qui fait un grand commerce, ville ancienne : les rues sont fort étroites et mal bâties. On trouve à Rouen le nouveau port qui est très bien; cette ville est fort peuplée et il y fait cher vivre à cause de la grande quantité d'ouvriers qu'elle occupe. Cette province récolte quantité de grains; pour sa boisson, on y boit du cidre qui est fort bon; on trouve aussi la ville de Caen, ville grande, située dans un bon terrain, elle est recon-

nue par sa grandeur; elle est assez bien.
On voit en Normandie beaucoup de goût
pour l'instruction; les habitans se nourrissent fort bien; les mœurs sont assez douces,
on fait dans cette province quantité de
prêtres; la plupart viennent demander des
postes aux environs de Paris; on voit encore à une commune, près Evreux, un reste
de pyramide, où Henri IV remporta une
bataille sur les Anglais. Cette pyramide est
dans une vaste plaine, la commune se
nomme aujourd'hui Ivry-la-Bataille depuis
ce temps-là. Les Normands sont très robustes et se livrent à différentes occupations; enfin, pour ce pays, malgré la réputation qu'il s'est acquise, nous pouvons dire
par nous-même que le voyageur y est très
bien. Les habitans, dans une grande partie
du pays sont très propres et leurs usages ne
sont pas indifférens; plusieurs maisons
d'écoles en plusieurs communes y sont établies depuis 1830. Ce pays s'est conformé
aux ordres qui lui ont été donnés comme dans
toute l'étendue du royaume, ce qui porte à
croire que les pères et mères sont très atta-

chés à l'instruction qui est si utile à la société; il y a outre ses bonnes productions, quantité de manufactures pour le commerce, ce qui rend cette province florissante. On y récolte peu de vin.

On voit, près la ville d'Évreux, des femmes porter des bonnets de coton blancs; les Normands se nourrissent fort bien, le pain est excellent; dans d'autres contrées, elles portent des bonnets élevés.

La Beauce est fertile en grain; c'est le principal grenier d'abondonce de la capitale. Ce pays qui est assez vaste ne récolte pour ainsi dire que du grain, et est très sec; les habitans aiment beaucoup l'instruction, plusieurs écoles sont fort bien tenues; le peuple est bon, doux, affable, et a beaucoup d'humanité. Les villes marquantes sont Chartres, où on voit deux clochers d'une hauteur immense. Cette ville est peuplée, mais il y a des rues fort étroites; elle est connue par ses bons marchés de grains. Les environs de Chartres sont fort bien; on trouve Dreux, où on voit une jolie chapelle qui est le tombeau de la famille d'Orléans. La Béauce a un grand fonds de religion. Ce pays est fort en gibier, abeilles, bœufs, moutons gras. On ne trouve rien de remarquable en cette province : la ville de Blois appartient en partie à la Beauce, elle n'est pas curieuse, les rues sont très désagréables ; on y a construit un séminaire depuis peu, fondé par monseigneur de Sauzin, évêque de Blois ; l'hôtel de préfecture, sur la route de Tours , est assez beau. Cette province s'étend jusqu'aux portes de Paris : on y récolte un peu de vin. Les habitans sont assez humains, leurs usages sont en partie comme auprès de la capitale ; on y a établi beaucoup de maisons d'écoles.

L'Artois est une province qui avait donné son nom au comte d'Artois, qui gouverna la France comme roi, depuis 1824 jusqu'en 1830 , sous le nom de Charles X. Cette province n'est pas mal ; les habitans sont assez bien, l'instruction y est bien tenue. La ville marquante est Arras, ville très bien bâtie ; les mœurs des habitans sont douces. On récolte encore assez dans cette province ; il y a un peu de commerce ; des plaines immenses y sont existantes ; son étendue n'est cependant pas des plus grandes ; la religion y est dominante. Dans cette province, le voyageur trouve beaucoup d'agrémens.

Nous avons donné à chaque province la manière dont l'instruction y est cultivée ; nous dirons que la loi sur l'instruction primaire a produit le meilleur effet, car en bien des pays, sans elle, les jeunes gens seraient encore dans la plus grande ignorance, et avec le soin des comités d'arrondissement, déjà plusieurs communes se trouvent pourvues d'écoles, ce qui donne un grand avantage aux pères et mères de famille qui ont envie de faire donner une éducation à leurs enfans, le seul précieux héritage qu'ils puissent leur laisser sur la terre. On a beaucoup à se féliciter de la marche que le gouvernement a prise pour le bonheur de la France ; cependant, en parcourant les provinces, nous avons avec peine vu des comités ruraux, destinés à la surveillance des écoles., pour que l'ordre et la morale y règnent ; ceci serait très bien si cette surveillance était confiée en partie à des hommes qui sauraient apprécier le prix de l'instruction ; mais sans faire mépris de ces personnes, la plupart en sont incapables, étant dépourvus de toutes connaissances et ne laissant pas que d'avoir de la méchanceté. Qu'en résulte-t-il? C'est qu'un instituteur qui souvent s'acquitte très bien de son devoir, pour peu que ce dernier ne soit pas dans les bonnes grâces d'un de ses membres , est dénoncé auprès du comité supérieur ; au contraire, on voit aussi des instituteurs, dans plusieurs communes du royaume, ne s'occuper pour ainsi dire nullement de leur état ; ils ont la bonne grâce de ces messieurs, et tout va à merveille. Et quelles en sont les victimes ? les pauvres enfans qui sont confiés à ces malheureux instituteurs ; les parens font des sacrifices pour leur éducation, et à la fin du compte, ils ne leur reste pour toute science, que d'avoir laissé passer une partie dé la jeunesse de leurs enfans, et être privés de leur travail.

Il serait donc très urgent que cette surveillance fut confiée à d'autres mains plus prudentes, pour le bonheur des enfans et des instituteurs, alors l'Université serait à même de récompenser les bons, et réprimer les mauvais. On trouve souvent des secours d'encouragement accordés à des instituteurs qui ne les ont pas mérités, et d'autres qui se sacrifient tout entier à leur état ne rien avoir; d'où vient cela? parce que les comités ruraux ne peuvent pas, par leur ignorance, en faire connaître le mérite à l'Université.

Un inspecteur spécial passe chaque année dans leur commune pour y visiter les écoles. Que produit cette visite? Si l'instituteur est bien vu du comité local, de bons rapports ne manquent pas d'être faits à cet inspecteur, quand même il serait mal vu des habitans; il fera paraître en classe, ce jour-là, des enfans qui ne vont point à l'école, mais qui feront nombre, ce que nous avons vu nous-mêmes dans plusieurs

communes. Il en est autrement quand l'instituteur ne plaît pas à ces messieurs, les
plus mauvais rapports sont donnés sur son
compte, et celui-ci se trouve souvent avoir
perdu sa place sans connaître quel en est
le sujet.

Voici quelques détails sur les événemens
qui se sont passés depuis notre connaissance. Nous nous rappelons avec plaisir le
règne de Napoléon; nous l'avons vu couvert de gloire et étendant ses limites
bien loin; ce grand homme, en 1814, fut
obligé de renoncer à tout droit de souveraineté, tant sur l'empire français que sur
autres pays, pour lui et pour chaque mem-
bre de sa famille. Depuis son avénement
au trône, jusqu'à cette époque, il avait été
invincible, tous les rois de l'Europe trem-
blaient à son aspect; néanmoins, il fut
forcé à se mettre sous les ordres de ses ennemis; après des guerres continuelles, il
fut exilé à Sainte-Hélène, où il termina sa
carrière en 1821; il eut pour fidèle servi-
teur le maréchal Bertrand qui lui ferma
les paupières. Ce monarque fut privé de

son épouse et de son fils ; sa fin ne fut pas glorieuse. Son successeur fut Louis XVIII, ci-devant comte de Provence ; ce prince sut pendant son règne maintenir la paix, s'acquitter des dettes que la France s'était imposée à l'invasion de notre territoire, remettre chacun à sa place. Le commerce reprit faveur, la confiance fut rétablie et ne respirait plus en ce moment que les douceurs de la paix. Ce prince, malgré son malaise, était courageux, et on ne pouvait le faire consentir à ce qui aurait été contraire à la charte ; il éprouva sous son règne un grand chagrin en perdant le duc de Berry, son neveu, qui fut assassiné en 1820 ; il remit, par son courage, Ferdinand VII sur le trône d'Espagne : ce fut le duc d'Angoulême, son neveu, qui commandait le corps d'armée française en Espagne ; enfin il mourut en 1824 et laissa pour son successeur Charles X, ci-devant comte d'Artois. Son règne n'a pas été aussi glorieux que celui de son frère : ce prince fut sacré en 1825. Pendant les premières années de son règne, la France fut assez tran-

quille; mais en 1830, il fut réduit à renoncer à la couronne de France, et à aller cher-
cher auprès des puissances étrangères un
asile où il termina sa carrière; ce fut sous
son règne que les communes ont obtenu un
service rural de poste aux lettres; et la
prise d'Alger, par le général de Bourmont,
qui est occupé depuis ce temps-là par les
Français. Ce règne n'a pas été avantageux
à la France.

Ce prince eut pour successeur Phi-
lippe Ier, ci-devant duc d'Orléans, qui prit
les rênes du gouvernement en 1830. Ce
prince, depuis son avénement au trône, a su
entretenir les bonnes grâces des princes,
ses voisins; il maria sa fille aînée avec le
roi des Belges; ensuite la princesse Marie,
sa fille, avec le duc de Wurtemberg, qui
est morte en 1838. Son corps a été amené
en France, à Dreux, qui est le tombeau de
la famille d'Orléans. Cette mort a plongé la
famille royale dans la plus grande tristesse;
son fils aîné a été marié avec la princesse
Hélène de Mecklembourg. Depuis son règne, la France a été assez calme; la ville de

Constantine nous appartient depuis ; ce souverain a fait beaucoup travailler aux château royaux de Fontainebleau et Compiègne ; aussitôt reconnu roi, il érigea la France en garde nationale, où dans bien des pays elle est pour ainsi dire habillée et armée. Son fils aîné parcourut en même temps la France, à l'effet de passer en revue les gardes nationaux du royaume : sa présence produisit le meilleur effet, il fut bien accueilli partout sur son passage. Des arcs de triomphe furent érigés partout où il devait passer, la garde nationale venait ; des extrémités des cantons, lui présenter ses hommages. Ce prince rentrant dans la capitale n'eut qu'à se féliciter des accueils des Français ; le roi, son père, de son côté, passait aussi des revues à Paris et dans les villes qui l'environnent, et partout il était accueilli avec les plus vives acclamations de : *Vive le Roi des Français.* Alors le commerce reprit son cours et les événemens de 1830 ne portèrent aucun obstacle aux occupations des habitans ; bientôt les partis furent unis et on ne s'occupa plus que de ses propres affaires, non des affaires politiques; il y eut pour ainsi dire un changement général dans l'administration, une loi municipale fût créée et les habitans se nommèrent dans chaque commune un conseil municipal; le préfet de chaque département choisit un maire dans les mêmes conseils et un adjoint. Cette loi porte à différens endroits quelques obstacles, attendu que souvent des individus parviennent, par leur intrigue, a être admis membres du conseil municipal, et ils ne sont pas capables d'en remplir les fonctions, tant par leur morale que par leur capacité, de sorte que différentes communes se trouvent mal administrées, ce qui est fort commun aujourd'hui.

Le roi continua à augmenter nos possessions d'Afrique, où, à la prise de Constantine, le courageux général Damrémont succomba; il fit un camp près Fontainebleau en 1839; enfin ce monarque fit beaucoup réparer les châteaux royaux. Une loi sur l'instruction primaire a été créée pour que chaque commune fut pourvue d'un instituteur, car depuis long-temps il y en avait beaucoup qui en étaient privées ; déjà, on voit en France que cette loi a produit un grand effet, bientôt tous les jeunes Français seront en état de savoir lire et écrire, ce qu'on ne voyait pas autrefois. On trouve encore parmi les vieillards un grand nombre qui ne savent ni lire ni écrire, le tout provient de ce que les communes ne possédaient point d'écoles primaires, de sorte que le peuple vivait dans la plus parfaite ignorance. Chaque arrondissement possède un comité supérieur pour les écoles ; et dans les communes rurales, on a établi un second pour la surveillance des écoles ; les personnes qui composent les conseils, sont en partie les plus notables du pays, ou du moins celles qui sont en état de savoir apprécier le prix de l'instruction si utile à notre pays. Lorsqu'une commune est vacante, le comité local présente un candidat au comité supérieur, pour en recevoir la nomination ; le maire et le curé de chaque commune sont membres de droit d'après la loi. Aussitôt qu'un instituteur manque dans l'exercice de ses fonctions, le comité local porte plainte au comité supérieur, et à la première séance, celui-ci est mandé pour se justifier sur ce qu'on lui impute; ou s'il est coupable, le comité le révoque de ses fonctions; tout cela est fort bien établi, vu qu'on voit parfois des hommes à qui l'éducation est confiée, qui ne sont pas en état d'occuper des places si honorables, surtout de donner à ces jeunes plantes les premiers principes de civilisation et de science; il convient d'abord qu'on leur inspire le chemin de la vertu, si nécessaire à tous les peuples.

Nous avons déjà dépeint la position dans laquelle se trouvent les instituteurs, c'est pour cela que nous sommes bien aises de faire connaître à nos lecteurs la manière dont ils se trouvent surveillés; en sorte, qu'il n'y ait plus aucun doute sur l'éducation de la jeunesse. Sous le règne de Louis-Philippe, l'instruction fait beaucoup de progrès, les générations futures se féliciteront de cette marche qui produit le plus grand bien aux peuples. Sous ce règne, on voit encore dans toute l'étendue du royaume, quantité de routes établies, qui donnent une grande facilité au commerce, on fait plusieurs chemins de fer et une grande quantité de ponts sur les rivières ; toutes ces mesures ne peuvent produire que le bonheur de la France et rendre plus d'aisance au pays; car avant tout cela on voyait des communes où on ne pouvait arriver en hiver par les mauvais chemins, ce qui faisait du mal au commerce.

Le pays augmente de jour en jour dans tous les genres. Beaucoup d'autres inventions font le plus grand bien en France.

Nous donnons ici un détail particulier sur les usages de quelques provinces du royaume, et sur la manière dont les habitans et leurs familles s'administrent. Dans les endroits qui environnent la capitale, les usages sont très bien. Les pères et mères, en mourant, ne font pas comme ceux de quelques provinces lointaines, qui donnent au fils aîné le quart de leur bien au détriment des autres enfans. S'il n'y a pas de garçon, c'est à la fille aînée qu'on donne ce quart. Voilà une singulière manière de faire le partage de leur fortune. Ces pauvres gens, s'ils ne donnaient pas en mourant le quart de ce qu'ils possèdent, ils croiraient que cela les empêcherait d'aller en paradis! Il faut croire que l'instruction n'a pas encore fait beaucoup de progrès, pour qu'une pareille illusion existe. Tout ce que nous trouvons encore de très ridicule près Paris, c'est que nous voyons un grand nombre de bonnes gens qui ont beaucoup de croyance aux sorciers : tout ceci prouve encore que l'instruction n'y a pas fait de progrès, ce qui ne fait pas d'honneur au pays, qui cependant doit tenir le premier rang en Europe. Il faut donc espérer qu'à l'avenir ces vieilles routines perdront tout crédit, dès que l'instruction s'y propagera.

Nous parlerons ici de la pénible année 1840, dont nous ne sommes encore, pour ainsi dire, qu'au commencement. La fin de 1839 n'a pas été bien mauvaise, mais elle nous a laissé une idée sur 1840. Toutes les denrées augmentaient dans tous les marchés du royaume; aussi à peine l'année est-elle commencée, qu'on a vu augmenter le pain et autres choses. Le froid a commencé en février, et n'a cessé que fort tard; de sorte qu'il ne reste presque plus de légumes; et le peu qui reste est à un prix trop élevé pour la classe ouvrière. Dans bien des pays la misère se fait déjà sentir, et bien des habitans se trouvent aujourd'hui dans la plus grande détresse. Plusieurs ont déjà, en partie, engagé leur bien pour pouvoir faire exister leur famille. Le grain est très cher pour le malheureux, ce qui le met dans une gêne dont il se ressentira long-temps. Il existe peu de confiance dans le commerce. Voilà donc l'état déplorable où se trouvent les classes infortunées. Nous pensons que tout ceci provient de la saison qui ne s'est point présentée sous d'heureux auspices jusqu'à ce jour. Les prochaines récoltes donnent beaucoup d'espoir, si une douce pluie venait à leur secours : alors on verrait un grand changement dans la campagne. Il faut espérer que le mois de mai, qui est prochain, nous sera favorable; enfin il faut toujours avoir recours à la Providence qui ne nous abandonnera pas dans nos malheurs, attendu que c'est d'elle que nous devons tout attendre ici-bas, et qu'elle donnera au peuple les moyens de se procurer une nourriture plus saine et plus abondante. On ne peut pas, pour ainsi dire, voyager. Il fait très cher vivre dans les auberges. Dans bien des pays, un voyageur est obligé de payer 30 centimes une livre de pain, avec le peu de nourriture qu'on vous sert, votre modeste repas vous coûte 1 franc 50 centimes, non compris le coucher; tandis que dans des années précédentes, avec 1 franc on pouvait fort bien souper et coucher. Tout le monde se sent de ce malaise : celui qui a dessein de voyager reste dans ses foyers, en attendant un moment plus favorable, qui sans doute ne tardera pas à se présenter. Malgré la mauvaise température qui s'est manifestée, les récoltes nous donnent quelques espérances, et je pense que l'année sera assez bonne, si cette douce pluie, objet de tous nos vœux, vient à tomber, et il est probable que ce moment si désiré arrivera plutôt qu'on ne s'y attend. Dès ce même instant le malheureux, qui depuis plusieurs mois est accablé de misère, ne pensera plus alors au passé, et il cultivera avec courage, en voyant qu'un meilleur avenir se présente, pensant, par son travail, trouver les moyens de faire vivre sa famille qui a manqué du nécessaire en différentes occasions, son travail ne pouvant suffire, vu la cherté des vivres de première nécessité, à gagner la vie de ses enfans, celle de son épouse, qui, comme mère, n'a pas manqué de verser des larmes en voyant ses enfans lui demander du pain et ne pouvant leur en donner : quelle douleur pour une mère qui aime ses enfans de ne pouvoir leur procurer les premiers besoins de la vie! de se voir réduite, elle et ses enfans, à mourir de faim sous sa cheminée! qui peut comprendre le chagrin de ces infortunés!... Aussi son sort sera bien plus doux et plus agréable, si le reste de l'année se termine avec une diminution de prix sur le pain et sur les autres denrées, premiers alimens utiles à la vie. Elle mettra au rang de l'oubli le passé, et ne cherchera plus qu'à procurer à ses enfans les moyens d'existence, leur faire donner un peu d'éducation, s'il est possible, adoucir son chagrin par une abondance future, raconter avec son mari, à sa famille, dans quelles mauvaises situations ils se sont trouvés au commencement de l'année 1840, et supplier la Providence de ne jamais les affliger ainsi. Voilà ce que cette bonne mère pourra dire après tant de peine, de souffrances, après avoir manqué de tout, n'avoir pas eu seulement de quoi se vêtir dans la mauvaise saison qui vient de se passer. Que la vie du malheureux est pénible! il est impossible de pouvoir s'en faire une idée sans l'avoir été soi-même. Tandis que nous voyons des riches prodiguer, les malheureux meurent de faim. S'ils avaient la moindre humanité, ils tendraient une main bienfaisante à l'infortune, au lieu de se livrer sans cesse aux plaisirs de tous genres, de faire de folles dépenses qui n'aboutissent à rien. Les pays qui ont cette année des personnes charitables sont heureux. Ces personnes doivent être considérées, parmi les malheureux, comme leurs bienfaiteurs, et ils doivent leur garder une éternelle reconnaissance, dans telle position que la Providence veuille les placer, vu qu'une partie de leur fortune a été consacrée à soulager ceux qui avaient besoin. Qu'ils n'oublient jamais les services qu'on leur a rendus pendant que la misère les accablait.

Les marchés en plusieurs villes ont été troublés par la populace, quoique tout se soit bien passé, par le soin de l'autorité qui n'a cessé de montrer un zèle infatigable pour que la tranquillité publique n'ait pas été troublée. Si tout le monde avait le bonheur de prendre bien les choses, rien ne serait dérangé; mais malheureusement il n'y a que trop de têtes folles qui ne savent ce qu'elles font, ce qui trouble les hommes paisibles qui se conforment à tout ce qui peut leur arriver de fâcheux. Les pères et mères de famille sont priés de faire lire à leurs enfans, ce petit traité d'histoire, qui leur sera fort utile et leur apprendra à savoir se mettre à l'abri de tous les accidens qui pourraient leur survenir dans le cours de leur vie, partager avec la plus grande résignation les peines de cette vie, qui n'est absolument que tourmens et inquiétudes, ils y verront combien on éprouve de peines dans le cours de l'existence.

L'année 1840 épouvante en général les habitans ; tout a bien mal commencé, je ne sais si la fin nous donnera quelque certitude sur le passé ; une grande sécheresse règne depuis long-temps, ce qui désespère le laboureur, qui bien souvent se méfie de la Providence, quand il ne voit pas son travail prospérer ; le vigneron craint aussi, de son côté, pour la vigne, quoique les froids ayant été tardifs, nous portent à croire qu'il n'y aura rien à craindre plus tard ; si la vigne nous donne quantité de raisin, le vigneron pourra être parfaitement tranquille, se reposer l'hiver prochain sur le fruit de ses travaux. Aujourd'hui on voit dans le journal une diminution sur le grain, dans tous les marchés de France, ce qui rend le malheureux un peu plus content.

Pendant l'année 1840, la guerre se ralume en Afrique, les ducs d'Orléans, d'Aumale, sont partis au commencement du mois d'avril pour Alger, sans doute que le prince royal prendra le commandement de l'armée d'Afrique; plusieurs régimens ont reçu l'ordre de se rendre à Toulon pour l'expédition. On parle beaucoup du mariage du duc de Nemours pour le mois de mai prochain, et du baptême du comte de Paris, fils du prince royal. Le prince Cobourg donnerait sa fille en mariage au duc de Nemours, tel est le mariage projeté depuis quelque temps, et selon toutes les apparences il est comme arrêté; ces alliance s promettent un soutien à la France, en voyant ses princes alliés avec les puissances voisines.

Les princes après avoir examiné les affaires d'Afrique, sont de retour en France, leur présence était nécessaire à Paris. Le duc de Joinville, accompagné de plusieurs personnes de distinction, est parti pour Sainte-Hélène, à l'effet d'aller recueillir les cendres de l'empereur Napoléon, ce qui occasionera à son altesse une absence de cinq mois ; on compte sur son arrivée au premier décembre prochain. Le prince Lucien, frère de Sa Majesté l'empereur Napoléon, est mort dans sa principauté de Canino ; et le prince Louis, son neveu, malgré l'abdication et la déchéance de l'empereur, que nous rapportons à la fin de ce petit ouvrage, ayant tramé un complot qui avait pour but de le placer sur le trône de France, a été arrêté à Boulogne et mis en jugement. Tels sont les principaux faits du commencement de cette fameuse année 1840, si pénible à passer pour la majeure partie des habitans ; les vivres sont fort chers ; on ne récoltera pas, selon toutes les apparences, de légumes ; enfin, on pense que tout sera très cher, quoique la récolte en vins montre une grande apparence. Il y a déjà long-temps qu'il n'a tombé de pluie ; depuis plusieurs années on n'avait vu une pareille sécheresse ; les animaux sont à bon compte, attendu qu'on n'aura pas assez de fourrage pour les nourrir ; tout le monde s'inquiète de l'avenir et j'aime à croire qu'il ne sera pas heureux ; le pain continue à être toujours cher et on voit peu de diminution, malgré la moisson, qui n'offre pas autant d'abondance qu'au mois de mai s'il avait plu ; mais les grains sont très bons et il y aura peu de paille ; la récolte est excellente dans les fortes terres, telles que la Brie, la Beauce : ces deux provinces sont en bonnes terres ; les pays maigres sont perdus par les grandes chaleurs, ou pour ainsi dire tout brûlés. On voit aussi quantité de malheureux en plus grand nombre que les années précédentes, plusieurs, après avoir engagé leur bien pour faire exister leur famille en attendant un temps plus heureux, se voient aujourd'hui réduits à la dernière des misères, incapables de combattre plus long-temps sans avoir recours aux personnes charitables qui daigneront leur tendre une main bienfaisante.

Voilà en partie le triste tableau de cette malheureuse campagne, il faut espérer qu'une nouvelle nous donnera plus d'espérance, ce que nous devons attendre du Très-Haut. Les hommes s'épouvantent souvent de peu de chose ; et en peu de temps, par la puissance divine tout se passe à merveille, il faut donc avoir recours à elle, en tout temps, surtout en pareille circons-tance, il n'y a personne qui n'ait invoqué son secours en vain. On voit en ce moment des bouchers parcourir les campagnes en offrant de la viande à quinze centimes la livre, même à dix; cependant la ville la vend toujours son même prix; jusqu'à présent, on s'aperçoit bien de la misère, car les fêtes sont pour ainsi dire désertes cette année; les marchands qui se déplacent, ne font rien, ce qui occasionne tant de faillites que l'on voit tous les jours; la confiance est pour ainsi dire perdue, on ne peut plus se fier à personne, voilà le fruit de ce siècle! Cette franchise, qui existait parmi les Fran-çais, n'existe plus; on ne trouve plus que des hommes qui cherchent à tromper les uns et les autres. Jadis il y avait moins de connaissances, mais aussi plus de probité et de délicatesse dans les affaires; un luxe qui tient à sa dernière période; on ne con-naît plus le domestique parmi le maître, dans les campagnes et dans les villes; parmi la haute classe, si ce n'était leurs livrées, il en serait de même; plus de respect des jeunes gens envers leurs parens; d'où vient cela? de la trop grande liberté que les parens donnent aux enfants, de ce qu'ils n'ont pas assez de respect eux-mêmes envers ceux que le rang et la fortune a classés au-dessus d'eux; plus de religion, plus de morale, les jeunes gens ne vont aux offices que les grands jours de fêtes, pour montrer leurs belles parures, et non pour y adorer celui dont la puissance est infinie; malgré le soin que se donnent les ministres de tous nos cultes, ils n'ont pour tout succès que le désagrément de voir la jeunesse s'éloigner du chemin de la vertu, prendre une route qui ne peut la conduire que dans le plus profond des abîmes; toutes ces bonnes instructions sont perdues pour elle, et alors ils ne lui en reste que le remords.

Les instituteurs et institutrices se donnent mille peines pour instruire leurs élèves, les faire avancer dans les sciences et leur inspirer l'amour du bien; tout cela ne fait rien, aussitôt rentrés chez leurs parens, ils oublient le bon chemin pour suivre celui de la perdition; on a beau vouloir faire leur bien, ils ne le connaissent pas; plus tard, quand ils se voient malheureux, ils se rappellent qu'il leur aurait été facile d'être heureux s'ils avaient suivi les bons avis qu'on leur a donné pendant leur jeunesse, et s'ils ont des enfans, ils sauront mieux les diriger que leurs père et mère n'ont fait d'eux, tel est leur langage; ils ont un mauvais souvenir de leurs parens qui ne leur ont pas donné une position plus heureuse, puisqu'ils le pouvaient, tant par leurs moyens que par leurs connaissances; je ne puis tenir le même làngage envers les miens, ils ont fait tout ce qu'ils ont pu pendant le peu de temps que j'ai eu l'avantage de jouir de leur présence ici-bas; si la mort ne me les avait pas moissonnés de si bonne heure, ils auraient pu me conduire dans une position plus heureuse que celle où je suis, car j'ai éprouvé autant de malheurs, qu'une personne peut en avoir au monde, voyagé dans toutes les saisons, pour ainsi dire, souvent pieds nus, dans la neige, obligé de me priver de mon nécessaire pour conserver quelque chose à mes misérables enfans; tout en faisant le bien, j'ai éprouvé mille chagrins; enfin, à peine ma

44e année atteinte, je puis dire m'être trouvé dans bien des peines, avoir éprouvé des banqueroutes au commencement de mon établissement, et être réduit par les pertes et les maladies à la dernière des misères, quoique ayant été élevé dans mon bas-âge dans l'opulence; aussi j'ai pris le parti le plus sage, qui est de se soumettre à tous les inconvéniens que l'homme peut éprouver sur la terre; alors tout lui semble indifférent en agissant ainsi, il sait que l'homme est sujet à toutes les peines de la vie, comme nous le prescrit l'Ecriture; c'est là où on peut trouver le bonheur pendant le court pèlerinage que nous faisons sur la terre, qui n'est rempli pour nous que d'inquiétudes et de tourmens. Voilà la manière dont je me suis conduit dans mes malheureuses positions. Bientôt ma petite famille va être élevée. J'ai cherché à leur procurer un peu d'éducation, ne pouvant leur donner de fortune, puisque mes père et mère ne m'en ont point laissé. Avec cela, ils pourront végéter comme j'ai fait moi-même, et avoir une meilleure réussite, ce que je leur souhaite; se conduire en homme de bien,

alors ils s'attireront l'estime de tous les honnêtes gens, et seront bien vus partout où
la Providence les appellera. Ce sont là les
avis qu'un père doit donner à ses enfans,
pour qu'ils soient heureux dans la position
où la fortune les placera. Dans tel état qu'on
puisse se trouver, on doit se rappeler avec
plaisir les bons avis d'un père qui s'est sa-
crifié tout entier pour le bonheur de ses
enfans. Jamais on ne devrait perdre de
vue les bons principes qu'on a reçus dans
son enfance. En se les rappelant, on est
certain de ne jamais s'écarter du chemin de
la vertu. Fréquenter toujours des personnes sages, prudentes et éclairées, on sera
sûr de réussir dans toutes ses entreprises,
et partout où on aura passé, les personnes
qui vous auront connus, votre souvenir leur
sera cher. Soyons donc doux, affables à tout
le monde; humains et miséricordieux : c'est
là la vraie route pour arriver à un bonheur
parfait. Celui qui prend une autre marche
ne peut jamais être heureux dans la société. Il sera toujours considéré, pour quelqu'un qui ne tient point son rang.

On vient de mettre à exécution le projet de loi qui a paru en 1837, sur la réunion de plusieurs petites communes qui n'ont pas la population voulue par ledit projet. Ces communes devenant fort coûteuses à l'État, l'administration y trouvera un grand avantage. La plupart ne possèdent personne dans leur sein en état d'occuper les fonctions de maire et adjoint; s'il s'en trouvait par hasard quelqu'une, les habitans la laissent de côté, ne voulant pas être gouvernés par des personnes plus éclairées qu'eux. Les sous-préfectures sont encombrées de papiers par ces communes, qu'il est impossible de s'y reconnaître. La majeure partie de ces magistrats ne savent point administrer, et ceux qui n'entrent pas dans leur manière de voir, qui bien souvent n'est pas dans l'intérêt des habitans, sont fort à plaindre. Voilà comment ils exercent leurs fonctions, étant dans une parfaite ignorance, qui est toujours accompagnée de méchanceté. Au lieu qu'en faisant partie d'une commune beaucoup plus considérable; ils seront mieux administrés. MM. les sous-préfets s'occupent en ce moment de cette réunion. Ces pauvres communes ne peuvent suffire aux dépenses des églises, de leurs écoles. Les pauvres instituteurs qui y sont ne peuvent y exister ; en sorte que tout en voulant les obliger à faire classe toute l'année, comme le prescrit la loi sur l'instruction, ils se trouvent malheureux, ne pouvant se livrer à d'autres occupations, puisque la loi s'y oppose. Sans doute que cette réunion mettra de pauvres instituteurs sans places ; ils tâcheront donc, par leur conduite, de trouver ailleurs un avenir plus certain. Ces petites communes sont pourvues, en partie, d'hommes qui n'ont été nullement destinés à l'instruction publique, car leur premier état est de cultiver la terre ou de faire tout autre chose. Ils avaient cru améliorer leur position en entrant dans l'instruction primaire, et ne pouvant y rester plus long-temps, ils reprendront leur ancien état. Je pense que ce projet recevra son entière exécution, vu l'avantage que ceci procurera aux habitans. Leurs enfans, il est vrai, auront un peu plus de chemin à faire pour se rendre à l'école ;

mais ils seront récompensés par la tenue
toute différente des classes, et y puiseront
bien plus de connaissances que dans les petites écoles, les maîtres étant beaucoup plus
instruits que ceux de leurs petites commu-
nés, qui jusqu'à ce jour n'ont fait faire,
dans leurs petites écoles, aucun progrès
dans les nouvelles connaissances, la plupart de ces instituteurs n'en connaissant
pas la valeur ni le prix, et enseignant
toujours leur ancien système à leurs élèves. On voit rarement sortir de ces écoles
des enfans qui se font remarquer par leur
savoir; à peine savent-ils lire avec principe,
possédant un accent qui est difficile à perdre, quoique le nouveau maître se donne
mille peines pour pouvoir en faire de bons
lecteurs, ce qui est très difficile lorsqu'on a
reçu de mauvais principes. J'aime à croire
que les parens ne calculent pas ainsi, qu'ils
aimeraient mieux voir leurs enfans auprès
d'eux, que de les voir exposés à faire une
lieue pour se rendre en classe, surtout dans
la mauvaise saison de l'hiver, époque où là

rigueur du temps se fait sentir, et qui ont des eaux à passer pour se rendre à la commune chef-lieu. Il est certain que des mesures seront prises pour que les enfans puissent circuler facilement, attendu que le gouvernement prendra les mesures les plus sûres pour la réparation des chemins vicinaux. Dans quelques années ils seront en bon état, par les soins que prennent les autorités municipales. Toutes ces sages mesures sont dues à l'auguste souverain qui nous gouverne, puisque son unique ambition ne tend qu'à faire le bonheur de tous les Français, qui ne manqueront pas de lui en témoigner, dans toutes les circonstances, leur plus vive reconnaissance. La France a eu jusqu'à ce jour des chemins impraticables en hiver. Dans les campagnes où il existe des marchés éloignés des grandes routes, il est impossible de pouvoir en faire le trajet. Toutes ces réparations seront d'une grande utilité pour le commerce, et les pauvres habitans de ces campagnes seront à même de vendre leurs marchandises avec plus de facilité. Quantité de chemins de fer sont établis pour faciliter les voyageurs. En peu de temps on a fait beaucoup de chemin sans éprouver aucun danger. Plusieurs canaux ont été construits, ce qui donne une grande facilité pour le transport des marchandises et une grande économie pour le commerce. Les provinces qui se trouvaient éloignées des grandes routes ne pouvaient en tirer partie par leur position. Des impôts ont fatigué le pays; mais les habitans n'en sont pas fâchés, attendu qu'ils ont été employés utilement et dans leur intérêt. On trouvera dans ce petit Abrégé bien des choses qui intéressent les jeunes gens qui fréquentent les écoles. Un grand nombre de passages les engageront à y fixer toute leur attention. Plusieurs descriptions curieuses qui s'y trouvent sont de la plus grande utilité pour les enfans en bas-âge : ils y trouveront la manière dont les écoles sont tenues en France; le soin que met l'autorité supérieure pour que les élèves soient soumis à leurs parens, fassent de rapides progrès dans l'instruction, apprennent à faire de bons citoyens, à obéir au souverain et aux lois, et respecter leurs supérieurs : toutes choses que je recommandais à mes écoliers dans le temps où je faisais classe. Ayant été obligé d'abandonner cet état à cause de ma vue, depuis 1835, je me suis livré à d'autres fonctions moins fatigantes que l'enseignement. M'occupant d'affaires depuis ce temps-là, je n'ai pas manqué d'ennemis qui ont cherché à ternir ma réputation, en me dénonçant au ministère public comme prenant des honoraires trop élevés. Néanmoins j'ai, jusqu'à ce jour, prouvé le contraire. La justice a repoussé cette infâme calomnie. Plusieurs sont jaloux de ce que je fais tout mon possible pour élever ma petite famille et leur procurer les moyens de s'instruire, et de pouvoir un jour se présenter dans la société, afin de s'y procurer une existence honnête. Je ne suis pas de même envers mes ennemis; je leur désire toutes sortes de prospérités dans leurs entreprises. Le précepte que j'ai toujours montré à mes enfans et à mes élèves, c'est de ne pas désirer le bien d'autrui, d'aimer à se rendre utile à tout le monde, même à ses ennemis;

par ce moyen-là, on est sûr de ne jamais s'écarter du chemin de la vertu, qui est le seul qui peut rendre notre sort heureux. Malgré cela, on vient de me replonger de nouveau dans l'abîme. Je ne sais comment la Providence agira à mon égard. Je mets tout mon avenir sous sa protection, et j'espère que justice me sera rendue. Je n'ai rien à me reprocher sur ma probité. Je n'ai exigé de mes clients que de faibles honoraires, et même plusieurs d'entre eux ne m'ont pas encore payé. Ceux-là, dis-je, n'ayant plus besoin de mon ministère, disent qu'ils m'ont bien satisfait de mes peines : voilà le langage de bien des gens de ce siècle. Leur probité est bien peu de chose. Quand ils ont employé quelqu'un à faire leurs affaires, pour s'acquitter envers vous, ils vont devant la justice nier ce qu'ils doivent bien légitimement. Fort heureusement qu'il s'en trouvent d'autres qui tiennent un langage bien différent ; mais ils sont en si petit nombre, que si on n'y faisait pas un peu attention, ils resteraient dans l'oubli. Il est difficile aujour d'huide connaître les personnes pour lesquelles on s'occupe. On croit souvent avoir affaire à des personnes honnêtes, et on est, pour ainsi dire, presque toujours trompé. Il faut donc, pour que notre couronne soit plus méritoire, éprouver une infinité de peines dans le cours de la vie, qui n'est ici qu'un passage ; alors notre sort sera bien plus doux, un bonheur éternel sera un jour notre unique partage, c'est tout ce que nous devons espérer du Très-Haut. Pendant tout le cours de ma vie, j'ai toujours tenu ce langage, et j'ai suivi sérieusement cette marche. Avec elle on est à l'abri de bien des peines. Suivons donc les bons exemples, et nous serons contens du peu de temps qui nous reste ici-bas ; venons au secours de l'infortune ; évitons la médisance, qui fait bien du mal ; conduisons-nous en hommes de bien ; soyons indulgens envers nos ennemis ; pendant qu'ils cherchent à nous faire du mal, récompensons-les en leur faisant du bien. En nous conduisant ainsi, nous serons estimés de tous les honnêtes gens. Je pense que la jeunesse se fera un

devoir de ce procurer ce petit livre, qui
lui inspirera l'amour du travail, la manière
de se conduire dans toutes les classes où la
Providence l'appellera plus tard.

—

Adieux de Napoléon à la France à son départ pour l'île d'Élbe.

De ce trône éclatant fondé par la victoire,
Napoléon descend, mais descend avec gloire.
Respectons, ô Français, un grand homme, un héros,
Qui sut se signaler par d'illustres travaux ;
Rappelons-nous toujours qu'il sauva la patrie
Dans des temps orageux où régnait l'anarchie ;
Détestons les ingrats qui, comblés de bienfaits,
Quand il est malheureux l'accablent de leurs traits.
Vous, ministres d'un Dieu qui prescrit la clémence,
Vous appelez sur lui la haine et la vengeance,
Lorsque de vos prélats, respectant les vertus,
Sa main rétablissait vos temples abattus.
Il était guerrier, lorsque le sort des armes
A travers les dangers, le péril, les alarmes
Le conduisit trois fois dans le camp des Germains :
François tint ses états de ses vaillantes mains,

Et il n'a pas eu peur de détrôner sa fille,
Il a couvert de honte et son fils et sa fille.
Du grand Napoléon, le nom toujours cité,
Ira de bouche en bouche à la postérité.
De ses traits les plus noirs, en vain l'affreuse envie
Voudra ternir le cours d'une si belle vie,
Nous lui présenterons, pour étouffer sa voix,
Le recueil étonnant de ses divines lois,
Qui, de l'état tremblant, fixant la destinée,
Servit long-temps de guide à l'Europe étonnée.
Nous lui rappellerons ces marques éclatantes
D'un magnanime esprit, ces paroles touchantes :
Les regards attendris, dans ses derniers adieux,
Il disait aux soldats rassemblés sous ses yeux :
« Le bonheur des Français fut mon unique envie,
Je donne tout à eux, jusques à ma vie.
Je voudrais d'un seul coup voir terminer mon sort ;
Vingt fois dans les combats j'ai su braver la mort ;
Mais pour vous mon trépas eût été inutile,
Il aurait allumé la discorde civile.
Des partis différens, soulevant leurs fureurs,
Ont fait de nos cités un théâtre d'horreur.
Pour arrêter ces maux, sans regret j'abandonne
Ma famille, la France et ma double couronne.
Et vous, mes chers enfans, intrépides guerriers,
Qui marchâtes toujours à l'ombre des lauriers.
Ah ! conservez-la bien, cette aigle si chérie !
Servez votre roi ! servez votre patrie !
Protegez des Bourbons le sacré diadême.
Quand vous serez heureux, je le serai moi-même. »

4.

Ah! grand homme! ces mots ont fait couler nos pleurs!
Tu n'es plus sur le trône, mais tu règnes en nos cœurs.

PROCÈS-VERBAL DE DÉCHÉANCE DE L'EMPEREUR NAPOLÉON.

Le prince gouverneur des départemens au-delà des Alpes, commandant en chef les armées de réserve d'Italie, vu l'acte du sénat du 3 avril 1814, qui prononce la déchéance de Sa Majesté l'empereur Napoléon, et délie le peuple français du serment de fidélité qu'il lui avait prêté; vu la constitution française qui appelle au trône de France Son Altesse Royale Louis-Stanislas-Xavier de France; vu l'acte d'abdication de Sa Majesté l'empereur Napoléon, du 11 du courant, ordonne à tous les officiers d'artillerie et du génie, majors, commandants d'armes, inspecteurs et sous-inspecteurs, commissaires-ordonnateurs ordinaires des guerres, et aux chefs des corps ou portions de corps stationnés dans son gouvernement, ainsi qu'à tous ceux sous leurs ordres, de faire parvenir au gouvernement provisoire leur adhésion à tous ses actes, et d'arborer de suite la cocarde blanche, qui redevient celle de la nation. Ce nouvel ordre de choses devant reserrer les liens de la bonne discipline, le prince, gouverneur général, se persuade que les officiers, sous-officiers et soldats en donneront l'exemple et qu'ils resteront toujours fidèles à leur drapeau.

Turin, le 19 avril 1814.

Signé, Camille Borguèse.

Pour copie conforme :

Par le général commandant la 27e division,

L'adjudant-général, chef d'état-major général :

Charles Delamotte.

MINISTÈRE DE LA GUERRE.

Acte d'abdication de S. M. l'empereur Napoléon.

Sa Majesté l'empereur Napoléon renonce pour lui, ses successeurs et descendans, à tous droits de souveraineté, d'administration, tant sur l'empire français que sur le royaume d'Italie et sur autres pays.

Pour copie conforme :

Le prince vice-connétable,

Signé, Alexandre BERTHIER.

Pour copie conforme :

Le commissaire du gouvernement provisoire.

Signé, Comte DUPONT.

—

Le général commandant les troupes de la 27ᵉ division militaire, vu l'ordre du jour du gouvernement au-delà des Alpes, qui confirme les événemens arrivés en France, fait connaître que le sénat représentant la nation appelle au trône de France Louis-Stanislas-Xavier, sous la dénomination de Louis XVIII ; connaissant l'esprit d'obéissance qui anime les troupes sous ses ordres, et le désir qu'il ressent de faire parvenir ses actes d'adhésion à la charte constitutionnelle, ordonne à MM. les commandans de places cantonnés, de réunir de suite par corps MM. les officiers de tous grades, afin de les mettre à même de faire connaître d'une manière légale leur assentiment à un événement qui rend la paix à l'Europe entière.

« Soldats, vous avez suivi l'exemple donné par vos chefs ; MM. les maréchaux de France ont tous adhéré avec empressement à l'éclatante et heureuse révolution qui vient de s'opérer, et vous avez partagé de si nobles sentimens ; que tous les cœurs se rangent autour du trône ; partout on bénit l'auguste dynastie des Bourbons, qui seule pouvait apporter à ce royaume le repos et le bonheur. Mon premier devoir a été d'entretenir son Altesse Royale des intérêts de l'armée, trouvant dans ses expressions toutes les affections d'un prince qui veut être le père des soldats.

» Officiers, sous-officiers et soldats, livrez-vous à une confiance qui ne sera point trompée, voyez devant vous les récompenses et la considération qui doivent appartenir à la glorieuse armée d'un roi de France; tous les grades seront maintenus, et si dans la nouvelle organisation quelques cadres se trouvent supprimés, le sort des officiers n'en sera pas atteint, ils seront replacés dans les corps existans, et des pensions analogues leur seront assurées. »

Paris, 20 avril 1814.

Signé, Alexandre BERTHIER.

Pour copie conforme :

Le commissaire du gouvernement provisoire.

Signé, Comte DUPONT.

C'est avec plaisir que nous rappelons à nos lecteurs, d'une manière précise et exacte, les événemens qui se passèrent en 1814, lors de l'invasion de notre territoire; nous croyons qu'ils se feront un plaisir de lire ce que nous rapportons ici de cette petite brochure, dont nous avons précieusement conservé la copie malgré nos grands voyages.

FIN.